MAISON ROTHSCHILD.

NOTICE

SUR

LA MAISON ROTHSCHILD,

PUBLIÉE PAR

M. AMÉDÉE BOUDIN.

PARIS,

Au bureau de la publication,

RUE DE TRÉVISE, 3.

1844.

LA MAISON ROTHSCHILD.

Il est des hommes dont l'histoire est un sujet de profond étonnement pour le monde entier. Créés pour exercer sur leurs semblables une domination quelconque, ils caractérisent leur époque par l'impulsion vigoureuse qu'ils impriment à la civilisation : aussi la Providence ne les fait-elle apparaître que de loin en loin, pour mettre davantage en relief l'éclat de leur génie, et parce qu'il faut à l'esprit humain des temps de repos pour féconder à loisir le germe de chaque progrès; car les conquêtes sont lentes dans le domaine de l'intelligence. Toute innovation rencontre des obstacles, si séduisante qu'elle soit, et toute idée n'a l'assentiment des masses que lorsqu'elle s'est dégagée des principes de la théorie, pour se changer en fait pratique, comme la chenille sort de sa chrysalide pour devenir papillon. Cela est logique, le passé est gros d'enseignements, et l'on profite de ses leçons, tandis que le présent et l'avenir nous réservent mille déceptions, contre lesquelles il est bon de se tenir en garde. Toutefois, quand les hommes, impatients d'élargir le cercle de leurs jouissances, sont suffisamment préparés au développement d'une idée régénératrice, c'est alors qu'une intelligence d'élite sort de la foule, et s'emparant de cette idée, comme d'une arme puissante, provoque hardiment et accomplit la révolution qui menaçait depuis longtemps, dans quelque ordre de choses que ce soit.

Le nom de Rothschild nous a suggéré les réflexions qui précèdent, Rothschild, symbole de la royauté financière, comme Louis XIV était le symbole de la royauté despotique, et Napoléon celui de la royauté militaire! Et s'il est vrai que, dans tous les temps, la puissance de l'argent ait été incontestable, il est encore plus vrai qu'elle n'a jamais été aussi grande, à aucune époque, que dans ce siècle de positivisme et de libertés. Ce ne serait même pas avancer un paradoxe que de prétendre qu'une royauté financière est aussi solide aujourd'hui qu'une royauté constitutionnelle, et il n'est pas difficile d'appuyer notre dire par des rapprochements. Sans remonter plus haut qu'à Louis XIV, on voit que l'omnipotence d'un seul homme, basée sur le droit divin et entourée d'un prestige qui a disparu depuis, brisait impitoyablement toutes les puissances qui s'élevaient autour d'elle.

Dans ce fait exorbitant de se comparer au soleil et de prendre cette devise : *nec pluribus im-*

par, n'y avait-il pas une menace patente faite par l'orgueil le plus incommensurable à l'ambition imprudente? et le prince de Rohan, le surintendant Fouquet, n'ont-ils pas, par une infortune immense, payé la dangereuse gloire d'avoir rivalisé, avec le grand roi, en richesses, en magnificence, en galanterie? Et qu'était-ce que ce grand roi, si bassement envieux et jaloux, et ayant la stupide monomanie de croire posséder toutes les supériorités sur le reste des hommes? De tels faits sont impossibles heureusement de nos jours; le règne de l'arbitraire est passé, et sujets et rois doivent se courber sous le niveau des lois.

Mais de cette égalité des droits de tous devant les institutions du pays, de cette déchéance du despotisme royal au profit de la souveraineté populaire, il devait résulter un despotisme nouveau, non plus ici un despotisme qui pèse sur quelques-uns seulement en épargnant les autres, mais au contraire un despotisme au joug duquel se soumettent les masses, — le despotisme de l'argent. C'est celui, c'est le seul qui règne aujourd'hui; et si la première raison, comme nous le disions, ressort de la conquête de nos franchises, la seconde est la conséquence logique de la division des fortunes. Avant 89, le peuple, abruti par l'ignorance, l'esclavage et la pauvreté, avait assez déjà d'un

maître, le roi, sans penser à s'en donner un second, — l'argent. Il n'avait de la vie que le sentiment de la conservation et n'avait jamais éprou-
vé celui de ses jouissances. Une fois la grande
catastrophe accomplie, les propriétés, qui se
trouvaient entre les mains d'un petit nombre,
furent morcelées; le peuple prit part au gâteau,
et quand il en eut goûté, il en voulut encore.
De sceptique qu'il était devenu à l'école philo-
sophique du XVIIIe siècle, il se fit matérialiste
à l'école révolutionnaire; car ce n'était pas seulement pour lui une révolution de principes,
mais bien une révolution de passions; bref, son
cœur perdit en raison de ce que son esprit gagna.
Du moment qu'il se prit à considérer les jouissances du luxe pour le bien-être de la vie, il se
créa des besoins auxquels il n'avait jamais songé,
des vices qu'il n'avait pas et des ridicules dont
il s'était moqué. Fier et vaniteux du jour qu'il
eut quitté sa blouse, il fut prodigue sans géné-
rosité, fanfaron sans bravoure, aristocrate sans
dignité, protecteur sans bienveillance, et par
dessus tout, égoïste et ingrat. La métamorphose
avait été trop instantanée, l'élévation trop rapide;
il avait le vertige; et il ne devint réellement lui,
c'est-à-dire noble, généreux, grand et admirable,
que lorsqu'il concentra les efforts de son vaste
génie sur l'industrie, cette source éternelle de la
prospérité des nations. Mais par cela même qu'il

avait le sentiment de sa force et de son mérite, il ne voulut plus renoncer à ces jouissances matérielles qui contrastaient tant avec ses souffrances passées ; et, destiné à subir toujours une domination quelconque, il subit celle de l'argent, domination plus tyrannique et plus odieuse mille fois que toutes celles qui ont pesé sur lui. Du moins, ici, il faut le reconnaître, le peuple trouve son excuse dans l'universalité et la nécessité du mal, car l'argent est l'âme de l'industrie, comme l'industrie est la gloire d'un pays ; l'argent, pour répéter ce que nous avancions plus haut, peut créer quelquefois, à notre époque, une royauté plus solide qu'une royauté constitutionnelle. La position financière des frères Rothschild en est un exemple irrécusable. Leur fortune, fabuleusement colossale, l'énorme prépondérance qu'ils ont dans la politique européenne, eussent inévitablement porté ombrage à l'orgueil de Louis XIV. Protégées par les nouvelles institutions, placées sous la sauve-garde du droit des gens, elles servent au développement de l'industrie et des arts, à la solution de questions d'une haute importance. La puissance des frères Rothschild, que pourraient seuls ébranler des revers successifs, est au-dessus du caprice des souverains, qui sont même obligés souvent d'y recourir ; et c'est à elle que la France est redevable de l'essor récemment imprimé à l'industrie, notamment aux chemins de fer. Ils sont de ces hommes dont nous disions que l'histoire étonne le monde. Aussi des histoires telles que celles-là sont trop grandes, trop imposantes par elles-mêmes, pour qu'elles aient besoin d'être commentées; semblables à ces monuments splendides qui ne veulent pas être examinés en détail, et dont l'intérieur grandiose se passe d'ornements, elles doivent être présentées avec simplicité et sans les éternelles et fades paraphrases de la louange. Ainsi ferons-nous.

Mayer-Anselme ROTHSCHILD, fondateur de la maison de ce nom, naquit à Francfort-sur-le-Mein, en 1743, de parents pauvres, qu'il perdit, quand il n'avait que onze ans. Après avoir fait des études au gymnase de Furth, en Bavière, il dut entrer d'abord dans la carrière de l'enseignement, mais il en fut détourné plus tard par son amour pour les recherches numismatiques et archéologiques.

De retour à Francfort, le jeune Anselme commença son apprentissage dans le commerce, puis il se rendit en Hanovre, où le banquier de la cour, Mayer-Michel David l'appelait pour servir de précepteur à son fils unique. Anselme n'en continua pas moins ses travaux de prédilection, et quand au bout de quelques années, il put réaliser un petit capital, il revint à Francfort, épousa une jeune fille d'une très-bonne famille, et jeta les bases de sa maison de banque. Ses premières opérations furent restreintes ; puis le succès l'enhardit : honoré de la confiance générale et particulièrement de l'amitié du landgrave de Hesse, dont les goûts numismatiques l'avaient rapproché, il fut chargé par ce dernier de plusieurs négociations importantes, et reçut de lui, en 1801, le titre d'agent de la cour. Dèslors, la maison Rothschild prit définitivement rang dans le commerce, et dans le cours des années 1801, 1802, 1803 et 1804, elle négocia pour la Russie et le Danemarck, quelques emprunts s'élevant à plus de vingt millions.

En 1806, l'électeur de Hesse-Cassel, forcé de se retirer devant les armées françaises, confia à Anselme Rothschild le soin de sa fortune particulière, composée de plusieurs millions de florins. Rothschild sauva ce dépôt au péril de sa vie et de sa propre fortune. En effet, il perdit presque tout son avoir ; mais son courage et son habileté réussirent à réparer ce revers.

Il mourut en 1812, en laissant un immense héritage et en recommandant à ses enfants, la fidélité à leur religion, l'union et l'égalité entre eux dans les affaires : « Si vous suivez ce conseil religieusement, leur dit-il, vous appartiendrez, un jour, aux plus riches de la terre. » En effet, les cinq frères se mirent à exploiter en commun la banque de leur père et séparèrent leurs résidences , sans diviser leurs intérêts.

Anselme Rothschild, le premier, né le 12 juin 1773, resta le chef de la maison de Francfort ;

Salomon, le second, né le 9 septembre 1774, s'établit à Vienne en 1816 ;

Nathan, le troisième, né le 16 septembre 1777, créa en 1798, à Manchester, un comptoir qu'il transporta à Londres, cinq ans plus tard. Il est mort à Francfort, en 1836, et Lionel, son fils aîné, est devenu le chef de la maison de Londres ;

Charles, le quatrième, né le 24 avril 1788, habite alternativement, depuis 1811, Francfort et Naples, où il a fondé une maison ;

Enfin, le baron James de Rothschild, grand officier de la Légion-d'Honneur, membre de plusieurs ordres étrangers, et consul-général d'Autriche à Paris, né le 15 mai 1792, a fixé, depuis 1810, son centre d'opérations à Paris.

Il a épousé la fille de son frère Salomon.

Lors du retour de l'électeur de Hesse dans ses États, en 1813, les frères Rothschild offrirent au prince de lui restituer, avec les intérêts, la somme qu'il avait confiée à leur père. Mais l'électeur leur laissa, pendant plusieurs années encore, le soin de sa fortune, et les frères Rothschild purent, grâce à cette circonstance, élargir le cercle de leurs spéculations. Cette année là, ils négocièrent plusieurs emprunts pour le compte de diverses puissances, et menèrent à bonne fin ces opérations, dont le chiffre est incalculable. « Au dire d'un écrivain, les emprunts que cette maison a entrepris depuis 1813, pour les principaux gouvernements d'Europe, forment un total de plus de six milliards, où l'Angleterre entre pour deux milliards sept cents millions, et la France pour onze à douze cents millions. Si l'on y ajoutait le montant des subsides, indemnités de guerre, rentes, etc., etc., que les souverains ont fait payer ou recevoir par l'entremise de MM. Rothschild, cette somme se trouverait au moins doublée, et encore le chiffre que produirait cette combinaison ne donnerait-il qu'une idée incomplète de l'importance des affaires de cette puissante maison, puisqu'il ne comprendrait pas les opérations que les frères Rothschild ont faites, soit pour leur propre compte, soit pour celui des particuliers. »

En 1813, le roi de Prusse admit les frères Rothschild au conseil privé du commerce; en 1815, l'empereur d'Autriche leur donna des lettres de noblesse, et leur conféra le titre de baron en 1822; puis ils furent nommés membres du conseil privé des finances de la cour de Hesse et conseillers des finances par le grand-duc

Anselme-Mayer, l'aîné, devint consul de Bavière, et banquier de cette cour à Francfort-sur-Mein;

Nathan, de Londres, déjà consul de l'empereur d'Autriche, en 1820, fut investi, en 1822, des fonctions de consul-général, dont hérita son fils Lionel.

Charles fut nommé consul de Naples à Francfort-sur-Mein. James, ainsi que nous l'avons dit, est consul-général d'Autriche à Paris ;

Anselme Rothschild, fils de Salomon, né en 1806, est également, depuis 1836, consul-général d'Autriche à Francfort.

Enfin, les cinq frères ont été décorés des ordres étrangers de toutes les cours.

Nous l'avons dit, nous n'ajouterons aucun panégyrique à ce récit, nous contentant de le clore par quelques vers, qui nous semblent caractéristiques :

> Ce sont les Médicis de l'époque où nous sommes,
> Leur nom, comme un symbole, est révéré des hommes.
> Frères par la famille et la religion,
> Le secret de leur force est dans leur union.
> De leurs palais couverte aussi voit-on la terre,
> De leur puissant génie aujourd'hui tributaire,
> Et tous au-dessus d'eux ne voyant que les lois,
> Sont les rois des banquiers et les banquiers des rois.

Imprimerie de BRUNEAU, rue Croix-des-Petits-Champs, 33.